L'ENSEIGNEMENT DE LA GÉOGRAPHIE

Collection d'ouvrages publiés par M. E. LEVASSEUR, membre de l'Institut,
ou sous sa direction.

INSTRUCTION

SUR

LA MANIÈRE DE SE SERVIR DU GLOBE TERRESTRE

ET DE

L'APPAREIL COSMOGRAPHIQUE

POUR DONNER AUX ENFANTS LES PREMIÈRES NOTIONS

SUR

LE CIEL, LA TERRE, LE SOLEIL

ET LA LUNE

PAR

E. LEVASSEUR

Membre de l'Institut.

PARIS

CH. DELAGRAVE ET Cie, LIBRAIRES-ÉDITEURS

Éditeurs de la Société de géographie de Paris,

RUE DES ÉCOLES, 58.

La France à l'échelle de $\dfrac{1}{1,000,000}$, par M. LEVASSEUR, imprimée en chromolith., en toile, vernie, montée sur gorge et rouleau . . 20 a

INSTRUCTION

POUR DONNER AUX ENFANTS LES PREMIÈRES NOTIONS

SUR

LE CIEL, LA TERRE, LE SOLEIL

ET LA LUNE

L'ENSEIGNEMENT DE LA GÉOGRAPHIE
Collection d'ouvrages publiés par M. E. LEVASSEUR, membre de l'Institut.
ou sous sa direction.

INSTRUCTION

SUR

LA MANIÈRE DE SE SERVIR DU GLOBE TERRESTRE

ET DE

L'APPAREIL COSMOGRAPHIQUE

POUR DONNER AUX ENFANTS LES PREMIÈRES NOTIONS

SUR

LE CIEL, LA TERRE, LE SOLEIL

ET LA LUNE

PAR

E. LEVASSEUR

Membre de l'Institut.

PARIS

CH. DELAGRAVE ET Cie, LIBRAIRES-ÉDITEURS

Éditeurs de la Société de géographie de Paris,

RUE DES ÉCOLES, 58.

ACCESSOIRES JOINTS AU GLOBE

ET FAISANT PARTIE DU MATÉRIEL NÉCESSAIRE A LA DÉMONSTRATION

1° Un *abat-jour* servant à projeter la lumière dans une direction parallèle au plan de l'écliptique, comme se projettent en réalité les rayons solaires sur la Terre. Cet abat-jour peut s'adapter à une lampe quelconque.

2° Deux *petits bonshommes* en plomb, un bleu et un rouge, munis d'une tige et pouvant s'enfoncer dans les trous qui se trouvent sur le globe, au point où est Paris et à l'intersection de certains degrés de longitude et de latitude.

3° Un *navire* réuni à une *tige* figurant une tour ou un phare par des fils figurant les rayons visuels. La tige est prolongée de manière à bien montrer, dans chaque lieu où elle est fixée, la direction du zénith.

4° Deux *petites boules*, figurant l'une la *Terre*, l'autre la *Lune*, avec leur grosseur proportionnelle à celle du Soleil, lorsque le Soleil est représenté par notre globe terrestre. La tige qui réunit les deux boules donne la distance proportionnelle de la Terre à la Lune.

5° Un *cercle zodiacal* marquant les vingt-quatre heures de la journée, les douze signes du zodiaque et les douze mois de l'année. Ce cercle se fixe sur le pied du globe par une tige triangulaire. Il doit être disposé de manière à être toujours tangent au tropique du Capricorne qui reste au-dessous, et au tropique du Cancer qui reste au-dessus, de quelque manière qu'on fasse tourner le globe; sans quoi, la monture serait défectueuse. Quand on n'a pas à faire une démonstration pour laquelle l'emploi de ce cercle soit utile, il importe de le retirer complètement, afin de laisser le globe plus dégagé et figurant, autant que possible, la Terre circulant dans l'espace.

Avis important. — La Terre tournant de l'ouest à l'est, c'est toujours de gauche à droite qu'il faut faire tourner le globe en le tenant par l'anneau de la tige. L'anneau étant vissé dans la tige, on risque de le dévisser si l'on essaie de tourner à l'envers.

I

Instruction relative à l'emploi du navire.

Nous avons dit que la Terre est ronde. L'analogie avec les autres Corps célestes qui sont ronds l'indique. Les lois du mouvement de la Terre et les calculs astronomiques le prouvent avec une certitude mathématique. L'expérience le démontre de plus d'une manière évidente. Des navires et des voyageurs font le tour du Monde, en allant toujours dans la même direction de l'est à l'ouest ou de l'ouest à l'est, et reviennent à leur point de départ en trouvant chaque jour sur mer un horizon semblable à l'horizon de la veille, ou du moins ne présentant d'autre différence que celle des légers accidents de la côte : si la Terre était de forme carrée ou polygonale, on rencontrerait sur certains points les arêtes du polygone.

Lorsque, par un temps calme, on voit, du rivage ou d'un navire en mer, approcher un autre navire, c'est le haut des mâts que l'on commence à apercevoir de loin et à l'aide d'une lunette. Peu à peu, le navire en avançant semble sortir de l'eau et on l'aperçoit jusqu'à la coque. C'est la rotondité de la Terre qui produit cet effet, comme on peut s'en assurer à l'aide du petit bateau qui accompagne le globe. Le fil qui le relie à la tige représente le rayon visuel. Si le navire est fixé à un trou voisin du trou où cette tige est placée, les deux fils sont tendus, c'est-à-dire que le regard peut directement porter sur la coque et sur les mâts; si le navire est fixé à un trou plus éloigné, le fil d'en bas touche le globe et se courbe, c'est-à-dire que le rayon visuel rencontre l'obstacle de l'horizon, et que le regard ne porte plus que sur les mâts. Plus loin, les deux fils touchent le globe et le navire est entièrement hors de vue; mais, du haut d'une tour, on l'aperçoit encore, tandis qu'il a disparu pour ceux qui sont en bas. Si la Terre était une surface plane, on verrait le navire se rapetisser par l'éloignement, mais on le verrait tout entier aussi loin que porteraient les yeux ou les lunettes.

En plaçant, sur le point qui figure Paris la tige à laquelle est fixé le navire, on a la direction du zénith de Paris. Le zénith change de position à mesure que la Terre tourne. On peut avoir le zénith d'un lieu quelconque, en perçant un petit trou à l'emplacement de ce lieu sur le globe et en y fixant la tige. Si l'on plaçait la tige aux antipodes de Paris ou d'un lieu quelconque, l'extrémité de cette tige marquerait la direction du *nadir* de Paris ou de ce lieu; le nadir est l'opposé du zénith.

II

Instruction relative à l'emploi du cercle zodiacal.

Sur le cercle zodiacal qui accompagne le globe, nous avons marqué la succession des douze mois pendant lesquels la Terre accomplit sa révolution autour du Soleil et les *douze signes du Zodiaque*. Ces signes sont ceux des douze constellations au milieu desquelles apparaît successivement le Soleil et qui forment, en quelque sorte, le fond du tableau sur lequel il brille, fond qui, à cause de son éclatante lumière, est invisible le jour à l'œil nu. Pendant que dans la journée la Terre tourne sur elle-même, tout l'horizon céleste se déplace en même temps que le Soleil et cet astre reste dans la même constellation ; mais, à mesure que la Terre opère son mouvement de translation annuelle, le fond change et le Soleil parcourt tout le cercle, en passant successivement par chacune des douze constellations zodiacales.

Nous avons marqué également sur le cercle zodiacal les *mois* disposés en concordance avec les signes du zodiaque.

Le cercle contient également les *heures du jour et de la nuit.*

Pendant que les habitants d'une moitié de la Terre ont le jour, ceux de l'autre moitié ont la nuit. Faites tourner le globe de manière à amener le méridien de Paris en face de l'heure qui sonne à Paris, et vous aurez l'heure de tous les points du globe au même moment ; il suffit de les lire sur le cercle zodiacal, en observant que *tous les lieux situés sous le même méridien ont la même heure.*

INSTRUCTION

Sur la manière de se servir du *Globe terrestre* et de l'*Appareil cosmographique*[1],

POUR DONNER AUX ENFANTS LES PREMIÈRES NOTIONS

SUR

LE CIEL, LA TERRE, LE SOLEIL ET LA LUNE

1° LA TERRE, LES ÉTOILES ET LE SOLEIL.

La Terre est ronde; les globes terrestres en donnent, en petit, une image fidèle.

Il y a dans l'espace *un nombre incommensurable de globes*, plus gros ou plus petits que la Terre. Les ÉTOILES qui brillent au ciel pendant la nuit sont toutes des globes infiniment plus gros que la Terre et placés à des distances prodigieuses.

A Paris, on en voit environ quatre mille à l'œil nu; avec une bonne lunette, un astronome peut les compter

1. Ces instructions ne constituent pas un cours de cosmographie. Pour étudier la cosmographie et mieux donner aux élèves les explications qui se trouvent ici, les maîtres pourront consulter:

Premières notions de Cosmographie, par Félix Hement, 1 petit volume; *Eléments de Cosmographie* par MM. E. Menu de St-Mesmin et Ch. de Comberousse, 1 vol.; *Le Ciel*, par M. Fabre, 1 vol. et l'*Astronomie*, par le même; l'*Astronomie*, par M. Ch. Delaunay, 1 vol.; *Le Ciel*, par M. Guillemin, 1 gros vol. in-8°; *La Cosmographie* de H. Garcet.

par millions. La voie lactée, par exemple, qui apparaît comme une longue bande blanchâtre, se décompose au télescope en une multitude innombrable d'étoiles, trop éloignées de nous, pour que nous les apercevions distinctement.

Fig. 1. — Étoile polaire.

L'ÉTOILE POLAIRE (voir sur la planche qui est au commencement du volume la figure n° 1, étoiles circumpolaires, et, ici dans le texte, la figure n° 1), est généralement l'étoile qui nous intéresse le plus, parce qu'elle nous sert à trouver le nord. Elle reste presque absolument immobile dans le ciel, tout près du pôle arctique, (c'est-à-dire pôle de la constellation de l'ourse), autrement dit pôle nord, tandis que toutes les autres étoiles tournent (ou, pour parler plus exactement, nous semblent tourner) autour d'elle, comme les jantes d'une roue tournent autour d'un moyeu. Donc, en fixant les yeux sur cette étoile, on a le visage tourné vers le nord.

Pour la trouver parmi toutes les étoiles brillant au ciel, il faut *chercher d'abord la grande Ourse*, autrement dit le Chariot, brillante constellation facile à distinguer ; car elle se compose principalement de sept grosses étoiles disposées, quatre en forme de rectangle et trois en forme de queue (voir la figure). Puis on prolonge dans le ciel, en imagination, la ligne passant par les deux étoiles qui forment le côté du rectangle opposé à la queue ; et cette ligne mène à l'*Étoile polaire* (voir la figure), qui elle-même est la troisième étoile de la queue de la *petite Ourse*, constellation de même forme, mais plus petite et placée inversement.

L'étoile polaire est environ 2 millions de fois plus éloignée de la Terre que le Soleil; par conséquent, si l'on plaçait une boule représentant la Terre, à 32 mètres d'une autre boule figurant le Soleil, il faudrait proportionnellement placer la boule représentant l'étoile polaire à environ 64,000 kilomètres, c'est-à-dire dans l'espace, bien au delà de la Terre qui, en réalité, ne mesure à sa surface, d'un pôle à l'autre, que 20.000 kilomètres.

Le Soleil est une véritable étoile, qui nous paraît beaucoup plus grosse que les autres étoiles, parce que nous sommes beaucoup plus près de lui. Comme les étoiles, le Soleil est lumineux par lui-même; il constitue une énorme masse dont la partie apparente est incandescente et qui répand de toutes parts autour d'elle la lumière et la chaleur. En vertu de sa masse, il exerce une attraction puissante sur tous les autres globes qui l'avoisinent jusqu'à une certaine distance. Ces globes, beaucoup plus petits que lui, roulent dans l'espace, en *décrivant autour de lui* des cercles, ou, plus exactement, *des ellipses* très-peu allongées (excepté pour Mercure), différant très-peu d'un cercle et ne variant pas dans leur forme : ce sont des *planètes*.

Quelques autres corps célestes circulent aussi autour du Soleil et décrivent, en général, des ellipses très-allongées et de forme variable : ce sont les *comètes* que nous ne revoyons que par intervalles, lorsque, dans leur course lointaine, elles se rapprochent de nous.

Le *Soleil a un diamètre qui est plus de 112 fois grand comme celui de la Terre,* et son *volume est plus de* 1,400,000 *fois le volume de la Terre.*

Pour avoir une idée de la dimension du Soleil, supposez que notre globe terrestre [1], qui a environ 32 centimètres de diamètre (exactement 318 millimètres) et 1 mètre de

---

1. Notre globe de 32 centimètres de diamètre est monté sur un demi-cercle. Sur le pied du demi-cercle, sont les quatre lettres

circonférence, soit le Soleil ; la plus grosse des deux petites boules, qui sont placées dans le pied de ce globe (celle qui mesure 2 millimètres 8/10 de diamètre), sera la Terre. Tel est le rapport de grosseur du Soleil et de la Terre.

En plaçant cette petite boule à 32 mètres du globe terrestre, on a également une idée juste de *la distance de la Terre au Soleil*, laquelle réellement est de *plus de 38 millions de lieues* ou de 152 millions de kilomètres en moyenne. C'est dans ce mode de comparaison des grandeurs et des distances, qu'il faudrait placer l'étoile polaire à une distance de 64,000 kilomètres.

Avec un globe terrestre ayant un diamètre double, c'est-à-dire 636 millimètres[1], pour figurer le Soleil, la Terre serait représentée par la boule de 5 millimètres 6/10

P. E, A, H, qui indiquent la position de la Terre relativement au Soleil au commencement des quatre saisons de l'année. On peut séparer le globe de sa monture en ayant le soin de lever un peu la tige et de faire passer la partie amincie de cette tige par la rainure ménagée dans la gorge supérieure ; on le replace de la même manière sur sa monture. En tenant par l'anneau le globe détaché de sa monture, le maître peut le montrer de plus près aux élèves et donner sur la géographie physique toutes les explications que comporte sa leçon. Dans le pied du globe se trouvent : 1° deux petits bonshommes qui servent aux diverses démonstrations indiquées dans la présente brochure ; 2° deux petites boules figurant, l'une la Terre, l'autre la Lune à la grosseur qu'elles auraient en supposant que notre globe terrestre représentât la grosseur du Soleil. La tige qui réunit les deux boules figure la distance de la Terre à la Lune.

Sur le pied du globe est une légende qui explique le sens des divers signes employés sur le globe même.

1. Ce globe est imprimé sur toile. Il est monté sur une carcasse qui permet de le tendre quand on en a besoin et de le fermer à volonté comme un parapluie, de manière à ce qu'il puisse être resserré sans embarrasser la classe. L'anneau qui est à une des extrémités de la tige porte une boule qui figure la grosseur de la Terre en supposant que le globe lui-même représente la grosseur du Soleil.

de diamètre, et il faudrait, pour avoir la distance relative de la Terre au Soleil, l'éloigner de 64 mètres.

En représentant la grosseur de la Terre par notre globe de 32 centimètres de diamètre, il faudrait représenter le Soleil par une boule de 35 mètres de diamètre : c'est la hauteur des plus grands peupliers; et, pour avoir le rapport des distances, placer le globe terrestre à 3 kilomètres 1/2 de la masse figurant le Soleil; c'est-à-dire, pour des Parisiens, placer dans la cour du Louvre le Soleil qui s'élèverait beaucoup plus haut que le toit des bâtiments, et le globe terrestre au rond-point des Champs-Elysées [1].

Si l'on faisait la même comparaison avec notre globe de 63 centimètres de diamètre, le Soleil aurait à peu près 70 mètres de diamètre, c'est-à-dire la hauteur des tours de Notre-Dame [2]; et la distance de la Terre au Soleil serait représentée par 7 kilomètres, c'est-à-dire, pour des Parisiens, par la distance du Louvre au pont de Neuilly.

2° LES PLANÈTES.

Le ciel tout entier semble tourner au-dessus de nos têtes; mais les étoiles conservent toujours (au moins d'une manière apparente) les mêmes positions et les mêmes distances relativement les unes aux autres : aussi les appelle-t-on *étoiles fixes*.

Mais il y a dans le ciel quelques astres, brillants comme des étoiles, quoique d'un éclat un peu différent, lesquels se déplacent d'un mouvement particulier, paraissent se rapprocher ou s'éloigner des autres astres,

1. Dans chaque localité, le maître prendra ainsi des points de comparaison de manière à donner aux élèves une idée nette des distances.

2. Les tours de Notre-Dame ont une hauteur de 67 mètres au-dessus du sol. Prendre, autant que possible, dans chaque localité, un terme de comparaison de ce genre, un monument, une colline, ou dire : deux fois la hauteur des plus grands peupliers.

et ne sont même pas toujours visibles la nuit sur notre horizon ; tel est, par exemple, celui que l'on désigne improprement sous le nom d'*Étoile du Berger*. Ce ne sont pas des étoiles, mais, ainsi que nous l'avons dit, des *planètes*, c'est-à-dire des astres qui, beaucoup plus petits que le Soleil et assez voisins de lui pour subir son attraction, tournent autour de lui en décrivant des ellipses, et qui ne sont brillants que parce que le Soleil les éclaire de ses rayons. LA TERRE EST UNE DE CES PLANÈTES.

Il y a des planètes plus grosses et des planètes plus petites que la Terre. *La plus grosse planète est Jupiter*, dont le diamètre est un peu plus de 11 fois grand comme celui de la Terre, et dont le volume est égal à plus de 1,400 fois le volume de la Terre. La seconde, par ordre de grandeur, est *Saturne* dont le diamètre est égal à 9 fois 1 2 celui de la terre, et le volume à 735 fois environ celui de la Terre ; avec un télescope on voit cette planète enveloppée de plusieurs cercles formant autour d'elle comme un vaste anneau. Les autres planètes visibles à l'œil nu sont plus petites que la Terre. *Vénus*, la planète brillante qu'on désigne sous les noms d'étoile du Berger, d'étoile du matin, d'étoile du soir, parce qu'elle apparaît précédant le lever du Soleil ou suivant de près son coucher, est à très-peu près aussi grosse que la Terre ; *Mars*, reconnaissable à sa teinte rougeâtre, a un peu plus de la moitié du diamètre de la Terre ; *Mercure* souvent invisible et caché dans les rayons du Soleil, près des deux cinquièmes [1].

1. A notre globe terrestre de 32 centimètres de diamètre, sont jointes de petites boules qui figurent la grosseur de la Terre et de la Lune (le globe étant supposé représenter la grosseur du Soleil). La grosseur des autres planètes n'est représentée que par la figure n° 2, grandeur proportionnelle des planètes (voir la planche en tête de cette brochure) ; cette grosseur est celle qu'auraient ces planètes si le soleil avait les dimensions de notre globe de 32 centimètres de diamètre. Le maître fera bien de faire lui-même avec de l'argile ou du mastic des boules de la grandeur indiquée

A l'échelle proportionnelle que nous avons indiquée (le Soleil étant représenté par notre globe terrestre de 32 centimètres), il faudrait placer *Mercure*, la planète la plus voisine du Soleil, à peu près à 12 mètres, la Terre à 32 mètres, *Saturne* à 304 mètres. La planète la plus éloignée du Soleil que nous connaissions n'est pas *Saturne*: c'est *Neptune*, qui, quoique ayant un diamètre plus de 4 1/2 grand comme celui de la Terre, est tellement loin qu'on ne l'aperçoit qu'avec un télescope. Il faudrait la placer à près de 1 kilomètre du Soleil, de sorte que, si on mettait au milieu de la cour du Louvre notre globe pour représenter le Soleil, Neptune, ayant la dimension d'un petit grain de raisin, circulerait par la Légion-d'Honneur, par Saint-Sulpice, par l'angle du boulevard Saint-Germain et du boulevard Saint-Michel, par la place du Parvis de Notre-Dame et par la place de l'Hôtel-de-Ville, par l'angle de la rue Turbigo et du boulevard de Sébastopol, par la place de la Bourse, par la place Vendôme et par le pont de Solférino[1]. On peut se faire par là une idée de l'immense espace sur lequel s'exerce l'attraction solaire. Et pourtant cet immense espace n'est pour ainsi dire qu'un point imperceptible dans l'ensemble des mondes qui peuplent l'univers.

Un maître veut-il donner, en jouant, à ses élèves une certaine notion du mouvement général des planètes? Qu'il fasse tenir à quatre ou cinq d'entre eux[2] représentant chacun une planète, l'extrémité d'une corde ayant

par la figure n° 2, afin de mieux faire comprendre aux enfants les relations de grandeur.

1. Si l'on prend le globe terrestre de 63 centimètres de diamètre pour figurer la grosseur du Soleil, il faudrait doubler le diamètre de tous ces cercles. — Ces détails ne sont intelligibles que pour des enfants de Paris. Pour chaque localité, le maître déterminera le circuit d'un kilomètre de rayon.

2. Pour employer cinq enfants, c'est-à-dire, pour représenter cinq planètes (Mercure, Venus, Terre, Mars, Jupiter), il faut un espace d'au moins 33 mètres carrés: mais on peut se contenter

une longueur proportionnelle à la distance de la planète au Soleil ; qu'il tienne lui-même les cordes dans sa main en faisant, selon la vitesse que chacun doit observer, marcher ou courir, comme au manège, les élèves dans le même sens, de sa droite à sa gauche. Il lui sera peut-être plus facile d'attacher le bout des cordes à un piquet. De cet exercice récréatif, les élèves retiendront au moins une chose : c'est que la vitesse des planètes est d'autant moindre qu'elles sont plus éloignées du Soleil.

	Longueur de la corde.	Nombre approximatif de pas à faire dans le même temps.	Nombre approximatif de tours à faire dans le même temps.
Jupiter............	16^m,03	1	» 1/12
Mars............	4^m,08	1	1/2
Terre............	3^m.02	2 1/2	1
Vénus	2^m,03	3	1 1/3
Mercure.........	1^m,02	3	4

Avec de pareilles distances, la Terre devrait être représentée par une boule ayant environ un quart de millimètre de diamètre ; le Soleil par une boule de 3 centimètres environ de diamètre.

3° LA DIMENSION ET LA FORME DE LA TERRE.

Quand on a dû créer le mètre, on a mesuré le quart d'un des grands cercles qui font le tour de la Terre, en passant par les pôles, et on en a pris la dix-millionième partie. La Terre entière a donc 40 millions de mètres, ou 40.000 kilomètres de tour. Notre globe de 32 centimètres de diamètre a 1 mètre de tour : il est par conséquent 40 millions de fois moins large des quatre planètes les plus voisines du Soleil. Pour rendre l'exemple plus sensible, on peut choisir le plus grand des enfants pour représenter Jupiter, le plus petit pour représenter Mercure.

que la réalité; autrement dit, il est à l'échelle de $\frac{1}{40,000,000}$. Notre globe de 63 centimètres, ayant une grandeur double, est à l'échelle de $\frac{1}{20,000,000}$. Le diamètre réel de la Terre est de 12,732 kilomètres.

Si nous étions dans l'espace ou dans la Lune, *la Terre nous paraîtrait* aussi *parfaitement ronde* que le globe terrestre que nous avons sous les yeux [1].

Les aspérités que forment les vallées et les montagnes sont absolument insensibles, comme on peut s'en convaincre, puisque le plus haut sommet du globe, le Gaurisankar, situé en Asie, dans la chaîne de l'Himalaya, a été représenté avec sa hauteur proportionnelle, et que cette hauteur n'atteint pas un quart de millimètre [2] sur le globe de 32 centimètres de diamètre. De plus, il faut remarquer que dans la réalité le sol monte peu à peu, et que le pied du Gaurisankar est déjà assez élevé au-dessus du niveau de la mer : ce qui diminue encore l'apparence du relief. Toute proportion gardée, la surface de la terre est plus unie que la coquille d'un œuf.

Les aspérités du sol, nulles au point de vue de la rotondité de la Terre, ont une grande importance pour l'homme : elles constituent pour lui des barrières quelquefois infranchissables; elles modifient la température et les saisons. Il importe beaucoup de les bien connaître. Notre globe terrestre en montre la disposition générale. La couleur rouge indique uniformément, sur toute la surface de la Terre, les *hauteurs au-dessus de* 3,000 *mètres*, c'est-à-

---

1. La Terre, il est vrai, par suite de son mouvement de rotation, est renflée vers l'équateur et aplatie vers les pôles : mais cet aplatissement donnant, à l'échelle de notre globe, un millimètre à peu près pour le diamètre qui passe par les deux pôles, est entièrement insensible à l'œil.

2. Exactement 22 100ᵉ de millimètre.

dire les montagnes et les plateaux très-élevés qu'on ne rencontre, couvrant de vastes étendues, que dans l'Asie où est le grand plateau central, voisin de l'Himalaya, et dans l'Amérique du sud, où est le grand plateau de Bolivie, voisin des Andes : ailleurs, cette altitude de 3.000 mètres n'est atteinte que par quelques crêtes et par des sommets isolés. Les hauteurs entre 3.000 et 1.000 mètres, montagnes ou plateaux, sont indiquées dans chaque partie du monde par la teinte la plus foncée de la couleur propre à cette partie du monde. Les terrains élevés de 1000 à 300 mètres, montagnes, plateaux et plaines sont indiqués par la teinte moyenne ; les terrains situés entre 300 mètres d'altitude et le niveau de la mer, plaines et vallées, par la teinte la plus claire de la couleur propre à chaque partie du monde. Il est bon de remarquer : 1° dans l'ancien continent, la *grande plaine de la Russie et de l'Asie septentrionale*, opposée à la *région des plateaux et des montagnes de l'Asie centrale et méridionale*, et le *grand plateau de l'Afrique australe* ; 2° dans le nouveau continent, la *longue ligne des hauteurs des Andes, la vaste plaine du Mississipi*, et la *plaine continue de l'Amérique du sud, au pied du versant oriental des Andes*.

La *mer*, représentée par la teinte bleue, est, sauf quelques points exceptionnels, comme la région du nord de la Caspienne, les bords du Jourdain et quelques petits pays, compris sur la mer (une partie des Pays-Bas, par exemple) et défendus par des digues, *le niveau le plus bas du globe*. Mais au-dessus des eaux, le fond de la mer a, comme les continents, des aspérités, vallées, montagnes et plateaux : les parties de ce fond qui dépassent le niveau de la mer sont les îles semées dans l'Océan.

Ces aspérités, d'ailleurs, si elles étaient visibles, n'altéreraient pas la rotondité de la Terre, plus que ne le font les aspérités des continents.

4° L'AXE, LES POLES, L'ÉQUATEUR ET LE ZÉNITH.

La Terre tourne. Faites tourner le globe terrestre en ayant toujours le soin, pour lui donner sa véritable direction, de le faire tourner de votre gauche à votre droite. Il se meut autour d'une tige qui demeure fixe, et qui est le centre de rotation de tous les points du globe, c'est-à-dire, le centre de la circonférence qu'en tournant décrit chaque point. On appelle cette tige ou ligne, (laquelle est en réalité une ligne tout idéale, puisque la Terre tourne sans aucun point d'appui dans l'espace), *l'axe de la Terre*. On dit de même l'axe d'une roue pour désigner le centre de rotation de la roue.

Les deux points par lesquels cette ligne pénètre dans la Terre et qui sont aux deux extrémités du globe sont nommés *pôles* : Pôle nord et pôle sud. Ce sont les deux seuls points de la surface de la Terre qui restent toujours à la même place pendant que, dans le mouvement de rotation, tous les autres se déplacent. Ils font partie de l'axe lui-même.

A égale distance des deux pôles, est tracée sur le globe une grande ligne qui le partage en deux parties égales : C'est la *ligne équinoxiale* ou équateur. C'est, comme l'axe, une ligne tout idéale; mais c'est la ligne la plus importante au point de vue de la connaissance générale du globe. Elle coupe en quelque sorte le globe en deux calottes (ou hémisphères) ayant chacune un pôle pour sommet : *l'hémisphère nord* ayant le pôle nord pour sommet; et *l'hémisphère sud* ayant le pôle sud pour sommet. Coupez par le travers une pomme ou une orange en deux moitiés: chaque moitié figurera un hémisphère : la queue et l'autre extrémité (les fanes de la fleur) figureront les deux pôles, et le cercle déterminé par la tranche sera l'équateur.

Nous sommes placés sur la terre de telle façon que si on prolongeait, au-dessous de nous, en quelque lieu que nous soyons, la ligne qui passe par notre tête et par nos pieds, cette ligne aboutirait au centre de la terre ; c'est la direction du fil à plomb. On l'appelle la *ligne verticale.*

Si on la prolonge au-dessus de notre tête, le point où elle rencontre ce qu'on nomme la voûte céleste, c'est-à-dire, l'espace où nous apercevons les étoiles, s'appelle le *zénith.* Sur le demi-cercle qui soutient le globe terrestre de 32 centimètres, est marquée la direction du zénith à Paris. En quelque lieu que l'on soit, on doit, pour l'instruction des enfants, marquer de même la direction du zénith. et on peut le faire aisément soi-même : il suffit de tracer sur le demi-cercle une ligne droite telle que le prolongement de cette ligne passerait par le lieu où l'on est et par le centre de la Terre. On peut marquer cette direction en collant sur le demi-cercle un fil ou une étroite bande de papier.

5 LE JOUR ET LA NUIT.

La rotation de la Terre produit le jour et la nuit. Le Soleil est immobile (relativement à la Terre), et toujours lumineux. Quand une portion de la Terre est tournée de son côté, cette portion est éclairée par ses rayons : elle a le jour ; quand cette portion est tournée dans l'autre sens. elle est dans la nuit.

La figure n° 3 de la planche qui est au commencement de cette brochure, montre ce phénomène à l'époque du solstice d'hiver. *A* 6 *heures du matin.* la partie de la Terre où est tracé le rayon qui marque le méridien de Paris, est sur la limite de la région de l'ombre et de la région de la lumière : le *jour commence. A midi.* le même rayon est dans la direction même des rayons solaires : c'est le *milieu du jour :* les ombres des objets sont très-courtes; elles sont mêmes nulles sous l'équateur. *A* 6 *heures du soir,* le même rayon est de nouveau sur la limite de l'ombre et de la lumière; il va entrer dans l'ombre : *le jour finit. A minuit,* le même rayon est au milieu de la partie obscure : c'est le *milieu de la nuit.* (Voir aussi la

fig. 2 qui indique les 24 heures sur divers points du globe
à un moment donné.)

Il faut faire cette expérience avec le globe de 32 centimètres de diamètre. N'éclairez la pièce où vous êtes
qu'avec une lampe munie de notre réflecteur, et disposez
ce réflecteur de manière à bien éclairer toute une moitié
du globe. Pour cette première expérience, ayez bien le
soin de mettre le pied de manière à ce que la lettre A ou
la lettre P, deux des quatre lettres qui sont inscrites
sur le pied, se trouvent tournées du côté de la lumière, et qu'ainsi le demi-cercle qui soutient le globe
soit sur la limite de la partie éclairée. Fixez les deux
petits bonshommes[1] dans les deux trous qui sont ména-

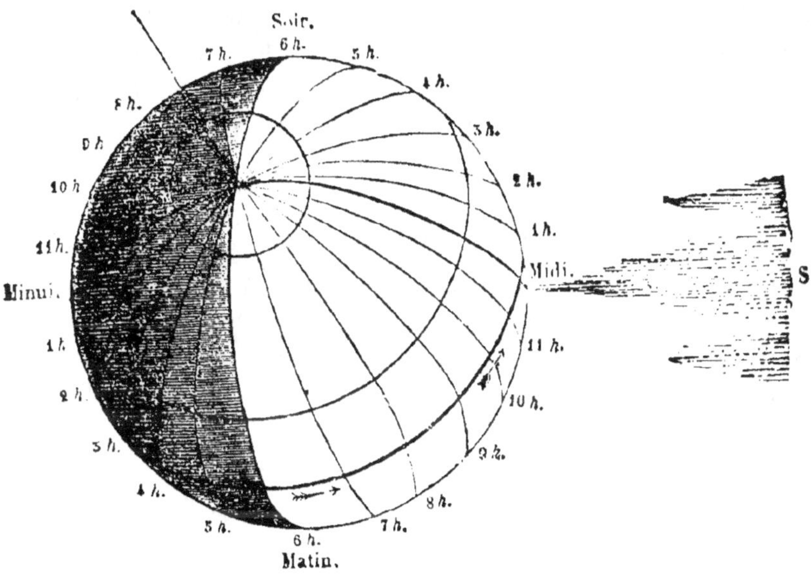

Fig. 2. — Heures.

gés à l'intersection du 40° degré de latitude nord avec le
méridien de Paris (0 degré de longitude) et avec son
prolongement, le 180° degré de longitude.

1. Nous rappelons que ces bonshommes se trouvent renfermés,
comme les deux boules figurant la Terre et la Lune, dans le pied

Faites tourner doucement le globe de gauche à droite, et dites aux élèves d'avoir les yeux attachés sur le petit bonhomme qui est dans la Méditerranée et que vous aurez placé d'abord dans la région obscure. Ce bonhomme arrivera bientôt sur la limite de l'ombre et de la lumière. Sa tête sera éclairée avant ses pieds, comme le versant oriental des hautes montagnes est éclairé avant les vallées et les plaines, ou le haut des mats d'un navire avant le pont : il est *six heures du matin et le jour commence* pour un navire qui serait en mer à cet endroit.

Tournez encore. Chaque fois que vous aurez tourné de quinze degrés, c'est-à-dire que vous aurez amené sur la limite de l'ombre et de la lumière un des méridiens ou degrés de longitude (marqués de 15 en 15, c'est-à-dire à un intervalle d'une heure) tracés sur notre globe terrestre, une heure se sera écoulée, et le jour commencera pour tous les lieux placés sous le méridien qui émerge hors de l'ombre. Quand vous aurez ainsi fait passer six méridiens (c'est-à-dire 15 degrés × 6 ou 90 degrés), six heures se seront écoulées ; le petit bonhomme sera en face de la lumière et en recevra directement les rayons. Si vous lui avez tourné le visage vers l'équateur, vous remarquerez que son ombre qui se projetait d'abord très-allongée à sa droite et qui s'est peu à peu redressée et raccourcie, se projette maintenant directement derrière lui : il est *midi*.

Tournez encore ; il est une heure, deux heures, etc. ; l'ombre se projette à la gauche du bonhomme et s'allonge peu à peu dans la même proportion qu'elle se raccourcissait avant midi. A 6 heures, le petit bonhomme commence à rentrer, par les pieds d'abord, dans la partie obscure, et par conséquent dans la nuit. *Le jour finit* pour lui, tandis que l'autre petit bonhomme que vous avez fixé sous le 180°

du globe. Pour les en tirer, il faut enlever un instant le globe de son demi-cercle.

degré commence à apparaître dans la région éclairée.

En effet, pendant que les habitants d'une moitié du globe terrestre ont le jour, les habitants de l'autre moitié ont la nuit.

Dans la position où nous avons placé le globe, nous aurions pu fixer les bonshommes en n'importe quel lieu (par exemple à l'équateur, aux deux tropiques, aux deux cercles polaires, au 40° degré de latitude sud où sont ménagés des trous), ils auraient toujours eu douze heures de nuit et douze heures de jour. Cette égalité, qui a lieu deux fois par an, au commencement du printemps (P) et de l'automne (A), s'appelle *équinoxe*, c'est-à-dire époque où *la nuit est égale au jour*.

Tournons maintenant le globe de manière à ce que le demi-cercle qui le soutient soit du côté opposé à la lumière et qu'ainsi la lettre H du pied se trouve du côté de la lampe ; mettons les bonshommes sous le méridien de Paris, à l'intersection, l'un du 40° degré de latitude nord, l'autre du 40° degré de latitude sud, et faisons tourner le globe. Le bonhomme de l'hémisphère nord sera plus longtemps dans la partie obscure que dans la partie éclairée ; le bonhomme de l'hémisphère sud sera plus longtemps dans la partie éclairée que dans la partie obscure. Pour tous les deux, les *nuits et les jours sont inégaux*; c'est un phénomène qui a sa plus grande intensité à l'époque des *solstices*, et c'est précisément dans la position du solstice d'hiver que se présente notre globe.

Placez (toujours sur le méridien de Paris) un bonhomme à l'équateur, l'autre au cercle polaire du nord. Celui de l'équateur restera le même temps dans l'ombre et dans la lumière ; celui du cercle polaire sera constamment dans l'ombre (ou du moins aura constamment les pieds dans l'ombre, car par suite de la disproportion des figures, sa tête dépasse de beaucoup en hauteur les plus hautes montagnes de la région où il se trouve. *A l'équateur, les nuits et les jours sont toute l'année égaux*; *Un au-*

lité augmente à mesure qu'on s'approche des régions polaires,
où il y a des jours et des nuits qui durent un mois et
plus.

6 · LES ZONES.

Placez un bonhomme au tropique du Cancer et l'autre
au tropique du Capricorne [1], et mettez notre globe de manière à ce que la lettre H soit du côté de la lumière ; c'est
la position dans laquelle le pôle nord est le plus éloigné
du Soleil. Le bonhomme qui est au tropique du Capricorne ne donne pas d'ombre : la lampe darde d'aplomb
ses rayons sur lui. Le bonhomme qui est au tropique
du Cancer donne une ombre courte.

Tournez notre globe dans le sens opposé, la lettre E
faisant face à la lumière ; c'est la position dans laquelle
le pôle sud est le plus éloigné du Soleil.

Le bonhomme du tropique du Cancer à son tour ne
donnera pas d'ombre : le bonhomme du tropique du Capricorne donnera une ombre courte.

Placez un bonhomme à l'équateur, il ne donnera pas
d'ombre quand les lettres A et P feront face à la lumière ;
dans les autres positions, il donnera une ombre très-courte.

Tous les corps placés *entre les deux tropiques* ont toujours des ombres très-peu allongées à midi, parce que le
soleil y darde presque d'aplomb ses rayons ; et à une ou
deux époques de l'année, ils ne donnent aucune ombre,
parce que le soleil y darde ses rayons tout à fait à plomb.
On nomme TROPIQUES [2], *tropique du Cancer dans l'hémisphère nord, et tropique du Capricorne dans l'hémisphère
sud,* les cercles marquant l'extrémité précise de la ré-

---

1. Il ne faut jamais oublier que c'est à l'intersection des divers
parallèles avec le méridien de Paris et avec le 180e degré que sont
les trois.

2. Tropique vient d'un mot grec qui veut dire tourner ; quand le
Soleil, qui a semblé s'avancer de l'équateur vers le nord pendant trois
mois, est arrivé au tropique, il semble retourner vers l'équateur.

gion où se produit ce phénomène des rayons solaires verticaux ; la *région comprise entre les deux tropiques*, laquelle, à cause de cette direction des rayons, est beaucoup plus échauffée que les autres, est nommée *zone torride*. (Voir la figure n° 3). Aussi, est-ce dans la zone torride que nous voyons tracée sur notre globe la ligne dite *équateur thermal*, sous laquelle la chaleur est la plus forte ; cette ligne est en grande partie double, embrassant ainsi toute une région extrêmement chaude ; des croix marquent les points où la chaleur y est le plus intense.

Les tropiques sont situés à 23° 1 2 de l'équateur[1], la zône torride s'étend donc sur 47° en latitude.

Placez maintenant les deux bonshommes aux cercles polaires, et la lettre H en face de la lumière, puis, faites tourner. Le bonhomme du cercle polaire du nord décrira (ou du moins décrirait si sa tête et son corps ne s'élevaient pas démesurément au-dessus de l'horizon, toute la circonférence dans l'ombre. Pour lui la nuit dure vingt-quatre heures. Cette nuit s'allonge à mesure qu'on s'approche du pôle, où elle dure 6 mois : remarquez en effet que le pôle reste pendant tout ce temps dans les ténèbres.

Le bonhomme du cercle polaire du sud reste, au contraire, pendant ce temps-là dans la partie éclairée durant les vingt-quatre heures. Mais voyez comme, à midi même, son ombre est allongée, ce qui veut dire que pour

---

1. Le plan de l'écliptique, ou plan dans lequel la Terre se meut autour du Soleil, coupe la Terre d'un tropique à l'autre en passant par le centre de la sphère. La ligne brisée des figures 4 et 5 marque la direction de ce plan, cette direction est indiquée sur la monture de notre globe par une ligne noire. — Pour s'assurer que cette ligne est bien à sa place et en rectifier au besoin la position, il suffit d'appliquer contre le demi-cercle de la monture une équerre ou un carton coupé d'équerre, un livre, un atlas, etc., en ayant soin que le sommet touche bien exactement le tropique du Cancer et que l'une des branches ait la direction verticale. La ligne noire doit coïncider avec la branche horizontale.

lui le Soleil s'élève peu au-dessus de l'horizon, que dans cette contrée les rayons solaires sont toujours très-obliques et par conséquent peu propres à échauffer le sol.

Si nous retournions notre globe, en mettant la lettre E en face de la lumière, le phénomène inverse se produirait : le bonhomme du sud serait dans l'ombre ; le bonhomme du nord serait dans la partie éclairée, mais en recevant très-obliquement les rayons. Aussi les régions qui s'étendent de l'un et de l'autre pôle au cercle polaire sont-elles très-froides ; elles sont en grande partie couvertes de glaces, comme le montre notre globe, et on les nomme pour cette raison *zone glaciale du nord* et *zone glaciale du sud* (voir la figure 3).

On voit marqué sur notre globe, au nord et au sud, les deux lignes sous lesquelles la température moyenne de l'année est de 0 degré, et où par conséquent il y a de longs froids très-rigoureux, qui annulent l'effet des chaleurs de l'été. Au nord de ces lignes, dans l'hémisphère nord, et au sud, dans l'hémisphère sud, la température moyenne est inférieure à 0. On voit que les zones glaciales y sont comprises tout entières, un seul point excepté. Le froid paraît être plus uniformément intense dans la zone glaciale du sud que dans la zone glaciale du nord.

Les deux cercles polaires sont situés à 23 degrés 1/2 environ de l'un ou de l'autre pôle comme les tropiques à 23 degrés 1/2 de l'équateur[1].

Entre le cercle polaire du nord et le tropique du Cancer d'une part, le cercle polaire du sud et le tropique du Capricorne d'autre part, s'étendent deux autres zones où jamais les rayons du Soleil ne tombent verticalement et où jamais la nuit ne dure vingt-quatre heures ; ces zones

1. En faisant tourner notre globe, on remarque que les deux cercles polaires passent par l'axe du pied, l'axe du globe étant précisément incliné de 23° 1/2 sur l'axe du pied.

ne sont par conséquent ni extrêmement chaudes ni extrêmement froides ; on les nom-
me *zones tempérées* (voir la
figure 3) ; chacune d'elle
s'étend sur 43 degrés environ en latitude, et a une température d'autant plus chaude qu'on est plus près de la
zone torride, d'autant plus
froide qu'on est plus près de
la zone glaciale. Regardez
notre globe terrestre ; les
deux lignes de températu-
ture moyenne de 0, celle de
l'hémisphère nord et celle
de l'hémisphère sud, traver-

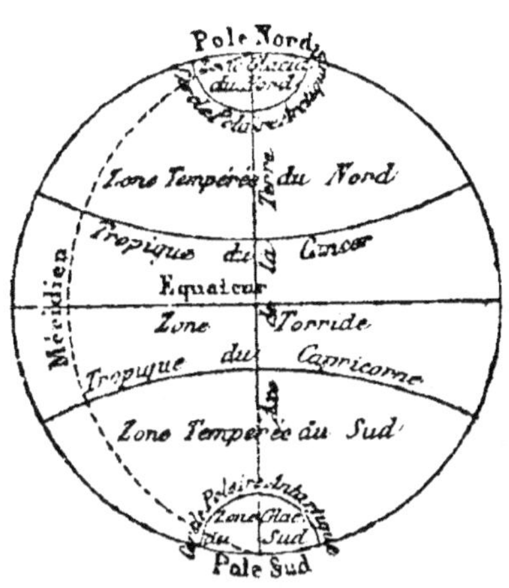

Fig. 3. — Zones.

sent les zones tempérées, celle de l'hémisphère nord
descend même, dans la froide Sibérie, jusque vers le
50ᵉ degré. La ligne formée de petits points bleus dans
l'hémisphère nord de notre globe marque la limite au
midi de laquelle il ne tombe jamais de neige, dans l'hémisphère nord, et où, par conséquent, la température ne
descend jamais à 0 ; elle coupe la zone tempérée en deux
parties inégales et, du côté des hautes montagnes qui
flanquent au sud et à l'est le Plateau central de l'Asie,
elle s'étend jusqu'à la zone torride. Ce qui montre combien, dans la zone tempérée, est différente la température
des contrées selon qu'elles sont près de la zone torride ou
près de la zone glaciale et comment elle est en outre pro-
fondément affectée par la forme du terrain.

7ᵒ LES SAISONS.

Placez la lettre E (marquée sur le pied du globe) en
face de la lumière, un bonhomme au 40ᵉ degré de latitude nord et l'autre au tropique du Cancer.

Sur le bonhomme du tropique, les rayons tombent verticalement; la Terre est au *solstice d'été*. Celui du 40ᵉ degré a les jours sensiblement plus longs que les nuits; et, comme à midi, les rayons, sans être verticaux, tombent plus directement qu'à aucune autre époque de l'année sur la région où il se trouve, cette région a relativement sa plus haute température : *l'hémisphère nord entre dans la saison d'été.* (Voir la figure 4 qui représente la position de la terre au solstice d'été, A étant le pôle nord, B le pôle sud.)

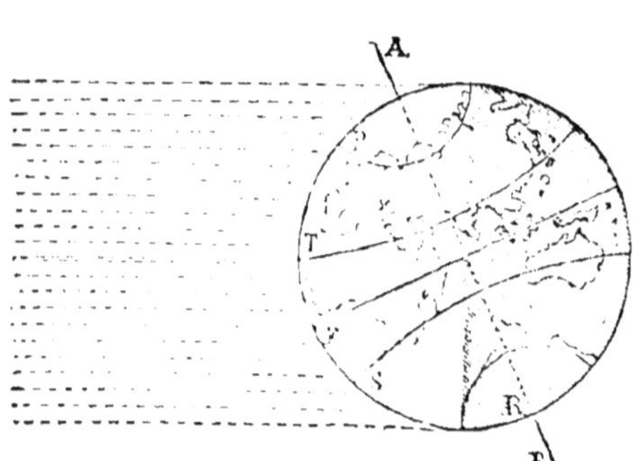

Fig. 4. — Solstice d'été.

Le mot solstice signifie *arrêt du Soleil.* En effet, le Soleil qui depuis trois mois montait peu à peu sur l'horizon, pour les habitants de l'hémisphère nord, c'est-à-dire, qui chaque jour à midi dardait ses rayons de plus haut, et qui le jour du solstice brille au zénith des lieux situés sous le tropique du Cancer, s'arrête là, semble ensuite rétrograder, très-lentement d'abord, plus rapidement ensuite, pendant *trois mois* vers l'équateur, c'est-à-dire qu'il monte chaque jour moins haut sur l'horizon. Le solstice a lieu vers le 20 juin. Déjà, pendant toute la première partie du mois, le soleil était très-haut, et la chaleur était grande; l'hémisphère nord demeure trois mois sous l'influence de la chaleur qui décroît cependant peu à peu en août et surtout en septembre avec le raccourcissement des jours : c'est l'ÉTÉ.

Sans déplacer notre globe ni la lampe, mettez un bonhomme au 40ᵉ degré de latitude sud et l'autre au cercle polaire du sud, et faites tourner. Le premier a les jours plus courts que les nuits ; le second a une nuit continue. L'hémisphère sud est en effet dans sa saison froide, dans son hiver. *Les saisons de l'hémisphère nord sont précisément opposées aux saisons de l'hémisphère sud ; l'été de l'un correspond à l'hiver de l'autre, l'automne au printemps, l'hiver à l'été, le printemps à l'automne.*

Placez maintenant la lettre A de notre globe en face de la lumière, un bonhomme au 40ᵉ degré de latitude nord et un bonhomme au 40ᵉ degré de latitude sud ; faites tourner. Les deux bonshommes ont des nuits et des jours égaux. La Terre est à *l'équinoxe d'automne* et *l'hémisphère nord entre dans la saison d'automne.*

Durant les trois mois de la saison d'été, le Soleil s'est rapproché constamment de l'équateur. Il darde maintenant ses rayons à plomb sur l'équateur même ou ligne équinoxale. Placez en effet, un bonhomme à l'équateur : il ne donne pas d'ombre à midi. Les deux hémisphères (excepté la région équatoriale) jouissent alors d'une saison tempérée.

Le Soleil dépasse ensuite l'équateur et durant *trois mois* encore se dirige vers le sud, jusqu'à ce qu'il atteigne l'autre tropique : c'est l'AUTOMNE.

Placez la lettre H en face de la lumière, un bonhomme au 40ᵉ degré de latitude nord, l'autre au tropique du

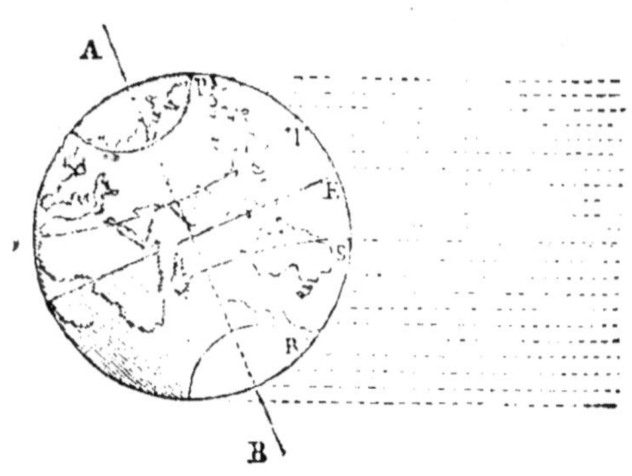

Fig. 5. — Solstice d'hiver.

Capricorne. Sur le bonhomme du tropique, les rayons tombent verticalement : la Terre est au *solstice d'hiver.* Le bonhomme du 40ᵉ degré a les jours sensiblement plus courts que les nuits, et les rayons, à midi, tombent beaucoup plus obliquement qu'à aucune autre époque de l'année sur la région où il se trouve. Cette région a relativement sa plus basse température, et *l'hémisphère nord entre dans la saison d'hiver.* (Voir la figure 5, qui représente la position de la terre au solstice d'hiver, A étant le pôle nord, B le pôle sud.) **La figure 6 indique la position qu'il convient de donner à notre globe et à la lampe pour obtenir le solstice d'hiver, et sert d'exemple pour la position du globe aux quatre saisons.**

Le solstice d'hiver a lieu vers le 21 décembre. Déjà pendant tout le mois de décembre les jours ont été courts et la température généralement basse dans la zone hémisphère nord; c'est l'époque des froids, et, pendant les *trois mois* qui suivent dure l'hiver. Pendant ces trois

Fig. 6 — Position de la lampe et du globe au solstice d'hiver.

mois, le Soleil qui a atteint l'extrémité de sa course vers le sud, revient vers l'équateur, où il darde de nouveau ses rayons d'à plomb vers le 20 mars.

Placez la lettre P en face de la lumière, un bonhomme au 40ᵉ degré de latitude nord, un bonhomme au 40ᵉ degré

de latitude sud; faites tourner. Les deux bonshommes
ont des nuits et des jours égaux comme à l'équinoxe d'automne. *La Terre est à l'équinoxe du printemps, et l'hémisphère nord entre dans la saison du printemps.*

Le PRINTEMPS dure *trois mois*, pendant lesquels le Soleil,
continuant sa marche apparente vers le nord, passe de
l'équateur au tropique du Cancer.

Chaque saison ne dure pas exactement le même nombre de jours. La figure ci-jointe (fig. 7; voir aussi la fig.
4, les saisons, sur la planche placée au commencement
du volume), montre que, dans l'ellipse que la Terre décrit et dont le Soleil (S) occupe un des foyers, plus de la
moitié de la distance à parcourir appartient aux deux
saisons du printemps et de l'été: De plus, comme durant
les deux autres saisons (automne et hiver), la Terre, se

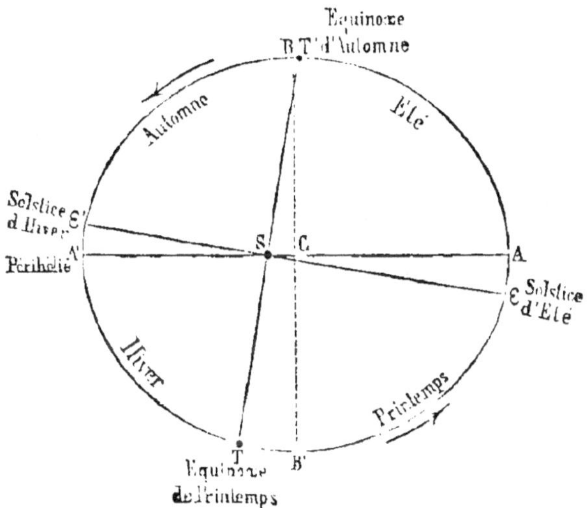

Fig. 7. — Les quatre saisons.

trouvant plus près du Soleil, marche plus vite, elle met
encore moins de temps que la distance ne le ferait supposer. En effet, le printemps et l'été durent 186 jours 1/2;
l'automne et l'hiver 178 1/2. C'est une des causes pour

lesquelles l'hémisphère sud qui a sa saison d'été lorsque nous avons notre saison d'hiver, a en général, une température plus froide.

8° LE DOUBLE MOUVEMENT DE LA TERRE.

Les saisons sont dues à la révolution de la Terre autour du Soleil, comme le jour et la nuit sont dus à la rotation de la Terre autour de son axe. La cause est facile à comprendre quand on comprend déjà bien l'effet.

Otez l'abat-jour de manière à ce que la lumière se répande dans tous les sens comme se répand en réalité la lumière solaire. Placez notre globe au solstice d'été,

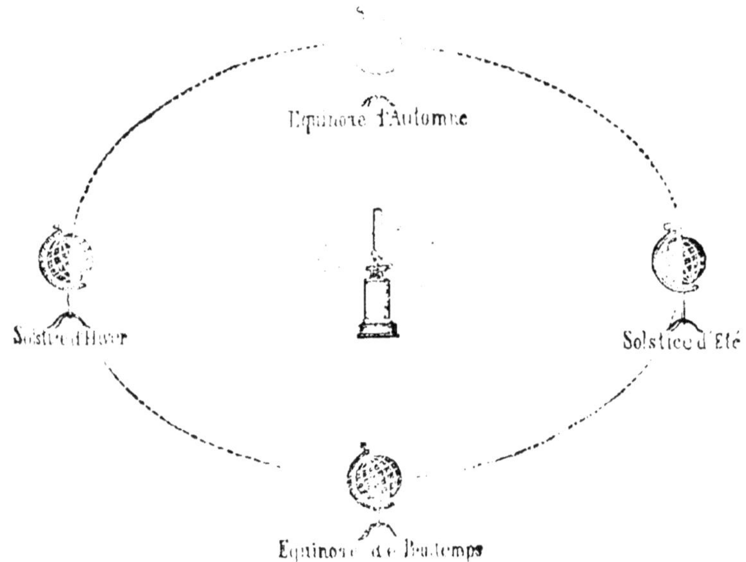

Fig. 8. — Position du globe aux quatre saisons.

c'est-à-dire la lettre E faisant face à la lumière et par conséquent le demi-cercle tourné vers la lampe. Faites tourner de l'ouest à l'est. (Bien voir le sens de la rotation sur la fig. n° 4, les saisons, en tête de la brochure) : voilà la *rotation diurne* que la Terre accomplit en 24 heures, et la cause du jour et de la nuit.

Faites en même temps décrire au globe un arc de cercle autour de la lampe dans le sens indiqué par les flèches de la figure (n° 4, saisons), c'est-à-dire de l'ouest à l'est. Conservez toujours le demi-cercle du globe dans la même position, ou, pour parler plus exactement, dans des positions parallèles (comme l'indique la figure 8). Visez pour cela une fenêtre ou un objet quelconque et ayez bien soin que le demi-cercle demeure toujours dans la direction de cet objet. Quand le globe, parti du solstice d'été, aura décrit à peu près un quart de cercle, il sera à l'équinoxe d'automne et le demi-cercle sera de côté sur la limite de l'ombre et de la lumière; un autre quart de cercle, il sera au solstice d'hiver et le demi-cercle sera du côté opposé à la lumière; encore un quart de cercle, il sera à l'équinoxe de printemps, d'où vous le ramenez, en lui faisant faire un dernier quart de cercle, au solstice d'été. La *révolution annuelle* est accomplie. Vous pouvez, à chaque station, reproduire les expériences déjà faites sur l'inégalité des jours et des nuits, sur les zônes et sur la diversité des saisons.

Cette révolution annuelle a lieu en 365 jours 1/4 (à très-peu près), et la Terre parcourt pendant ce temps un espace d'environ 880 millions de kilomètres.

Vous saisirez beaucoup mieux encore ces deux mouvements et vous les apercevrez dans leur relation exacte en employant notre appareil cosmographique. Allumez la bougie qui est au milieu de l'appareil; puis, à l'aide de la poignée, tournez lentement d'une main dans le sens indiqué par la flèche; vous observerez la succession des jours, des nuits et des saisons qui se produira d'elle-même d'une manière très-exacte pendant toute la durée de l'année [1].

9. LES VENTS ET LES COURANTS.

Prenez une cuvette pleine d'eau, ou mieux un bocal

1. Cet appareil ne sera terminé qu'en 1873.

rempli d'eau et contenant quelques légers grains de sable. Faites tourner. Vous vous apercevrez bientôt que l'eau tourne moins rapidement que les parois du vase. C'est un simple retard ; mais, si vous ne voyiez pas que le vase tourne, vous vous imagineriez que l'eau marche dans un sens inverse à celui de la rotation réelle. Ce retard, les eaux de l'Océan l'éprouvent, particulièrement dans la zône torride, là où le déplacement produit par la rotation est le plus grand : de là ces *grands courants* qui se trouvent dans la région équatoriale et qui marchent (à l'exception des remous dits *contre-courants*), *de l'est à l'ouest*, c'est-à-dire dans un sens inverse à celui de la rotation de la Terre. Quand ils rencontrent la barrière d'un continent, ils se replient, quelques-uns vers le sud, les plus importants vers le nord-est : tels sont le *Gulf-stream*, qui se forme sur les côtes de l'Amérique et le *Kouro-Siwo* qui prend naissance près des côtes de la Chine et du Japon. Ces courants, venant de la zône torride, sont naturellement chauds (et désignés sur notre globe par des flèches rouges.)

Des régions polaires viennent alternativement, dans la saison où le Soleil fond les glaces, d'autres courants, courants d'eau froide (désignés sur notre globe par des flèches bleues).

Les mouvements de l'atmosphère qui produisent les *vents* ont une grande analogie avec les mouvements généraux de l'Océan qui produisent les courants marins. Des pôles partent des courants atmosphériques qui, parvenus dans la zône torride, sont déviés vers l'ouest et soufflent ainsi constamment *du nord-est dans l'hémisphère nord* et *du sud-est dans l'hémisphère sud* ; ce sont les *vents alizés*.

Il y a aussi des vents régulièrement variables, *soufflant environ six mois dans un sens et six mois dans l'autre* : ce sont les *moussons* de l'Océan indien et de la partie occidentale du Pacifique.

Notre globe les indique, ainsi que les principales régions (dans la zône torride), des typhons et des ouragans, régions où sévissent de fréquentes tempêtes.

La plupart de ces phénomènes sont liés au double mouvement de la Terre

10° L'ORIENTATION, LA LONGITUDE ET LA LATITUDE.

Placez les bonshommes de manière à ce qu'ils aient le visage tourné vers le pôle nord, l'un au 40° degré de latitude nord, l'autre à l'équateur, et mettez-les dans la partie obscure, la lampe étant munie de son abat-jour et envoyant sa lumière sur le globe. Les bonshommes sont dans la nuit, et vous pouvez supposer que, du lieu où ils sont, ils aperçoivent, par un ciel sans nuages, l'*étoile polaire* (voir page 2); car ils regardent le pôle nord. Celui qui est à l'équateur la voit très-près de son horizon, rasant la terre, celui qui est au 40° degré la voit assez élevée au-dessus de son horizon (élevée précisément de 40 degrés): un homme qui serait au pôle la verrait au-dessus de sa tête.

Nous savons en effet que cette étoile est située dans le ciel à peu près au zénith du pôle nord, c'est-à-dire presque sur l'axe autour duquel le ciel semble tourner dans l'espace des vingt-quatre heures; nous savons aussi qu'en réalité c'est la Terre qui accomplit en vingt-quatre heures sa révolution diurne au milieu de l'immensité des espaces où les étoiles demeurent immobiles. En comparaison de cette immensité, non-seulement la Terre, mais même tout l'orbite que décrit la Terre autour du Soleil n'est qu'un point imperceptible; aussi en quelque lieu de cet orbite que la Terre soit placée, nous voyons toujours presque au zénith du pôle nord l'étoile polaire, parce que l'axe de la Terre (qui, nécessairement, est le même que l'axe autour duquel le ciel semble tourner) conserve toujours la même direction, ou, pour mieux dire, des directions parallèles (sauf quelques lentes oscillations qu'il est inutile de rappeler ici). C'est ainsi que *l'étoile polaire donne en toute saison la direction du nord.*

Faites tourner lentement le globe toujours de gauche à droite, comme vous l'avez fait pour montrer les heures de la journée. Au moment où les bonshommes émergent de la partie obscure, c'est leur côté droit qui est éclairé d'abord, et ils projettent sur leur gauche une ombre longue. Leur bras droit indique le *Soleil levant;* cette direction est celle qu'on appelle *levant, orient* ou EST.

Faites tourner encore jusqu'à ce qu'ils soient tous deux en face de la lumière; le bonhomme de l'équateur ne donnera peut-être pas d'ombre ou en donnera très-peu; celui du 40ᵉ degré donnera certainement une ombre, mais une ombre courte, dirigée directement devant lui vers le pôle nord. Il est midi, c'est-à-dire que le jour est à son milieu; le *midi* ou SUD est précisément derrière le bonhomme. Il est facile de déterminer le sud par le lieu où brille dans le ciel le Soleil, à midi, comme pendant la nuit il était facile de déterminer le nord par l'étoile polaire.

Faites encore tourner, toujours dans le même sens, jusqu'à ce que les bonshommes soient dans le voisinage de la partie obscure. Leurs ombres se sont allongées sur leur droite. C'est leur côté gauche qui est éclairé; leur bras gauche indique la partie de leur horizon où *le Soleil semble se coucher* : cette direction est celle qu'on appelle *couchant, occident* ou OUEST.

La lampe qui figure le Soleil est restée immobile. Le bonhomme est demeuré dans la même position, au même lieu de la Terre, et cependant les rayons qui l'éclairaient d'un côté le matin, l'éclairent du côté opposé le soir, et, au milieu du jour, frappent sur un troisième côté intermédiaire. C'est un phénomène que nous pouvons observer chaque jour sur nous-mêmes, et mieux encore sur une maison, laquelle ne se déplace pas. Ces trois directions des rayons solaires sont l'est, l'ouest et le sud. Par la direc tion du nord les habitants de la zône tempérée et de la zône glaciale de l'hémisphère nord ne peuvent jamais recevoir les rayons solaires.

Ces quatre directions sont les QUATRE POINTS CARDINAUX. Comme ils sont disposés à angle droit, il suffit de connaître la position de l'un d'eux pour trouver celle des trois autres. *Quand on a l'est à sa main droite, on a nécessairement l'ouest à sa main gauche, le nord devant soi et le sud derrière soi.*

Entre ces quatre directions on a établi des points intermédiaires : le *nord-est*, entre l'est et le nord; le *nord-ouest*, entre le nord et l'ouest; le *sud-ouest*, entre l'ouest et le sud; le *sud-est*, entre le sud et l'est.

Lorsqu'il est midi pour le bonhomme du 40° degré, il est midi également pour le bonhomme de l'équateur. Déplacez ces bonshommes, mettez-les à un des cercles polaires, ou au 40° degré de latitude sud, pourvu que ce soit toujours du même côté de la Terre entre le pôle nord et le pôle sud, ils auront encore midi au même moment, parce qu'ils sont tous sur une même ligne qui unit un pôle à l'autre. Cette ligne est nécessairement un demi-cercle; ce demi-cercle s'appelle *méridien*[1] : il est compris dans un plan passant par l'axe de la Terre et par le centre du Soleil au moment où celui-ci est au point le plus élevé de sa course au-dessus de l'horizon. Les bonshommes sont placés sous le méridien qu'on nomme le *méridien de Paris*, parce qu'il passe à l'Observatoire de Paris. Tout lieu a son méridien, puisque de tout lieu on peut tracer *un plan passant par ce lieu, par l'axe de la Terre et par le centre du Soleil au moment où celui-ci est le plus élevé au-dessus de l'horizon. Tous les lieux qui ont midi au même moment, sont sous le même méridien.*

---

1. Il est inutile de démontrer à des enfants que le Soleil tantôt avance et tantôt retarde.

Les degrés de longitude dérivent des méridiens. Ces degrés sont marqués sur notre globe de 15 en 15, parce que la Terre mettant 4 minutes à tourner d'un degré, *un intervalle de 15 degrés mesure une différence de 1 heure.* Quand il est midi sous le méridien de Paris, il est onze heures sous le quinzième degré de longitude qui est à l'ouest de Paris, et 1 heure de l'après-midi sous le 15ᵉ degré à l'est de Paris.

Vous savez que les géomètres divisent l'angle droit, dont l'ouverture est égale à un quart de cercle, en 90 degrés. Un rapporteur est un demi-cercle : il a, par conséquent, une ouverture égale à deux angles droits, et il est

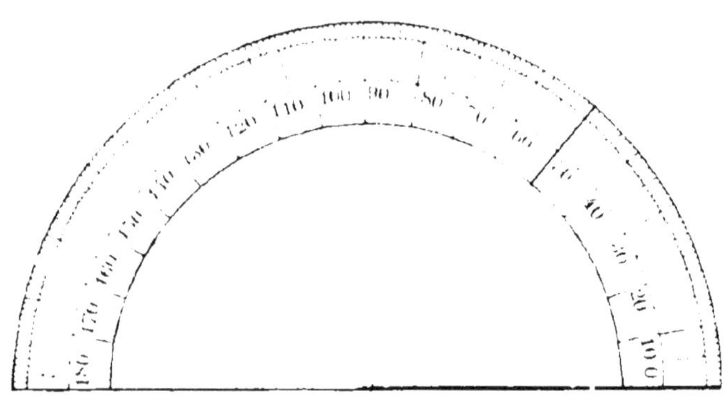

Fig. 9. — Rapporteur.

divisé en 180 degrés (voir la fig. 9) que l'on peut compter de droite à gauche ou de gauche à droite. Supposez notre globe coupé, à l'équateur, en deux hémisphères ; supposez que, sur le cercle obtenu par la tranche, on pose deux rapporteurs, réunis de manière à former le cercle ; on peut même faire l'expérience avec une pomme ou une orange et deux rapporteurs. Ce cercle, qui est l'équateur, se trouvera divisé en 360 degrés ; les 360 degrés sont, en effet, marqués sur l'équateur de notre globe par la limite des bandes alternativement noires et blanches. De chacune de ces limites, qui est en quelque sorte l'ex-

trémité d'un des rayons du rapporteur, menez des demi-
cercles aboutissant aux deux pôles, comme les deux demi-
cercles allant de P en P' sur la figure 10, vous aurez les
360 *degrés de longitude*. Chaque degré de longitude est un
méridien

Le premier méridien s'appelle 0; pour les Français et
pour plusieurs autres peuples, c'est celui de Paris à partir
de ce méridien, on numérote les degrés par 1, 2, 3, etc.
jusqu'à 180, dans la direction de l'est, et on désigne la
première série sous le nom de *longitude orientale*; on les
numérote également par 1, 2, 3, etc., jusqu'à 180 dans la
direction de l'ouest [1] et on désigne cette seconde série sous
le nom de *longitude occidentale*. Ainsi, l'on dit : New-York
est environ par 77 degrés de longitude occidentale; Saint-
Pétersbourg est environ par 28 degrés de longitude orientale. *La longitude sert à exprimer la position et la relation
de position des lieux
dans la direction de
l'est à l'ouest.*

Prenez un grand cer-
cle muni de 360 degrés
comme celui de l'é-
quateur et placez-le
dans le sens opposé,
c'est-à-dire dans la di-
rection du nord au sud,
en touchant les deux
pôles. (Ces 360 degrés
sont précisément in-
diqués sur le grand
cercle du méridien de
Paris) :

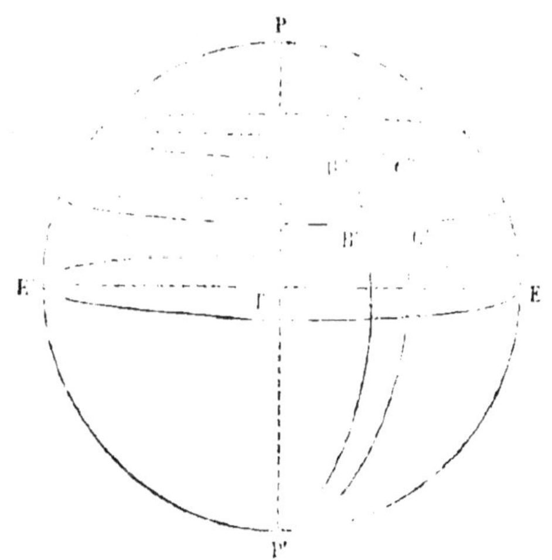

Fig. 10. — Degrés de latitude ou parallèles,
et degrés de longitude ou méridiens.

Remarquez que de l'équateur au pôle il y a précisément

1. On sait que chaque degré se subdivise en 60 minutes.

l'ouverture d'un angle droit, c'est-à-dire un quart de cercle ou 90 degrés, chacun de ces degrés étant l'extrémité d'un des 90 rayons partis du centre de la Terre. Faites passer maintenant, par chacune des extrémités, un plan parallèle au plan de l'équateur et coupant la Terre comme la coupent les deux plans B″ C″ et B′ C′ sur la figure 10 ; vous aurez 89 plans parallèles, touchant à l'est et à l'ouest à l'extrémité de deux rayons qui portent le même numéro ; par exemple, au 45ᵉ degré en commençant à compter sur le rapporteur par la droite, et au 45ᵉ degré en commençant à compter par la gauche. A ces 89 plans ajoutez le point du pôle qui marque le 90ᵉ degré : vous aurez *de l'équateur jusqu'au pôle 90 degrés de latitude. La latitude se compte de l'équateur au pôle,* c'est-à-dire du sud au nord dans l'hémisphère nord (c'est ce qu'on nomme latitude nord ou septentrionale), et du nord au sud dans l'hémisphère sud (c'est ce qu'on nomme latitude sud ou méridionale). *La latitude sert à exprimer la position et la relation de position des lieux dans la direction du nord au sud.*

Qui connaît bien la longitude et la latitude d'un lieu sait mathématiquement le point où ce lieu est situé sur le globe terrestre. Si, sachant que Paris est entre le 49ᵉ et le 50ᵉ degrés de latitude nord et par 0 degré de longitude, vous dites : Péking est par 115 degrés de longitude orientale et par 40 degrés de latitude nord, vous comprenez immédiatement que Péking est dans le même hémisphère que Paris, que, pour le trouver, il faut se diriger à l'est de Paris, et faire presque le tiers du tour du globe en inclinant un peu au sud. Si vous dites : Rio-de-Janeiro est à peu près par 45 degrés de longitude occidentale et par 23 degrés de latitude sud ; vous comprenez que Rio de Janeiro est dans l'hémisphère sud, que, pour le trouver, il faut, de Paris, se diriger vers le sud en inclinant sensiblement à l'ouest et faire environ le huitième du tour du globe.

Un voyageur qui fait tout le tour de la terre en se dirigeant vers l'est devra compter à un certain moment deux fois le même jour; et, si le jour à doubler se trouve être un dimanche, il passera une semaine qu'il pourra à juste titre nommer *la semaine des deux dimanches*. Ce fait qui paraît au premier abord impossible s'explique, aisément. Si vous partez de Paris un jour à 8 heures du soir, heure de Paris, et que vous arriviez huit jours après à Suez à 8 heures du soir, heure de Suez, il y aura en réalité moins de huit jours que vous serez en route; car Suez est par 30 degrés de longitude orientale, et, par conséquent, le Soleil s'y lève, autrement dit, le jour y commence deux heures plus tôt qu'à Paris. Continuez votre route vers l'est, allez jusqu'au 180e degré de longitude orientale. Le soleil s'y lève 12 heures avant qu'il n'apparaisse sur l'horizon de Paris. Cependant, malgré le changement journalier des heures du lever du Soleil, vous aurez continué à compter les jours de la même manière depuis votre départ de Paris, et chacun de vos jours aura eu en réalité moins de 24 heures. La différence totale sera de 12 heures au 180e degré; il faudra donc compter deux fois le jour où vous franchirez ce 180e degré. Si l'on était, par exemple, le dimanche 25 avril, le lendemain sera encore le dimanche 25 avril. C'est ainsi que comptent les capitaines de navires qui franchissent de l'ouest à l'est le 180e degré, et c'est ainsi qu'ils doivent compter; sans quoi quand ils rentreraient au port, au Havre par exemple, après avoir accumulé ainsi jour par jour une différence totale d'environ 24 heures, ils se trouverait en avance d'un jour entier sur le calendrier ordinaire.

Vous pouvez en faire l'expérience avec notre globe terrestre. Placez un bonhomme à l'équateur, ou à toute autre latitude, par 0 degré et disposez le globe de manière à ce que ce bonhomme ait le Soleil levant. Tant qu'il restera à cette place, il faudra, pour qu'il ait de nouveau le Soleil levant, que le globe ait fait un tour entier, c'est-à-dire que

24 heures se soient écoulées. Transportez-le, au contraire, après qu'il a reçu le Soleil levant, au 180° degré, il aura de nouveau le Soleil levant après un demi-tour du globe, c'est-à-dire après que douze heures se seront écoulées.

11° LE MÈTRE.

Quand, à la fin du siècle dernier, la République française a décidé la création du système des mesures décimales, les savants chargés de ce travail ont décidé que le mètre serait la base de tout le système. Ils ont en partie mesuré directement, en partie calculé la longueur d'un méridien, c'est-à-dire d'un grand cercle passant par les deux pôles; ils ont divisé le quart de ce grand cercle, c'est-à-dire l'espace compris entre le pôle et l'équateur, en dix millions de parties, et ils ont appelé *mètre* la *dix millionième partie du quart du méridien terrestre*.

Des recherches plus récentes ont montré qu'il y avait eu une légère erreur dans leurs calculs. Mais cette erreur est insensible relativement à la longueur du mètre, et il y a d'autant moins de raisons de modifier notre unité de mesures que de nouveaux travaux pourront encore, dans la suite, modifier légèrement la mesure actuelle laquelle ne saurait être jamais absolument parfaite.

12° LA CARTE.

Le globe est rond; on le représente tout entier ou par parties sur des cartes qui sont plates. Comment s'y prend-on? — De plusieurs manières. En voici une.

Prenez avec un compas sur notre globe l'écartement de deux degrés de latitude. Cet écartement est le même, ou à très-peu près le même, sur toute la surface du globe. Tracez sur une feuille de papier, comme l'indique la figure 11, des lignes horizontales parallèles ayant cet écartement.

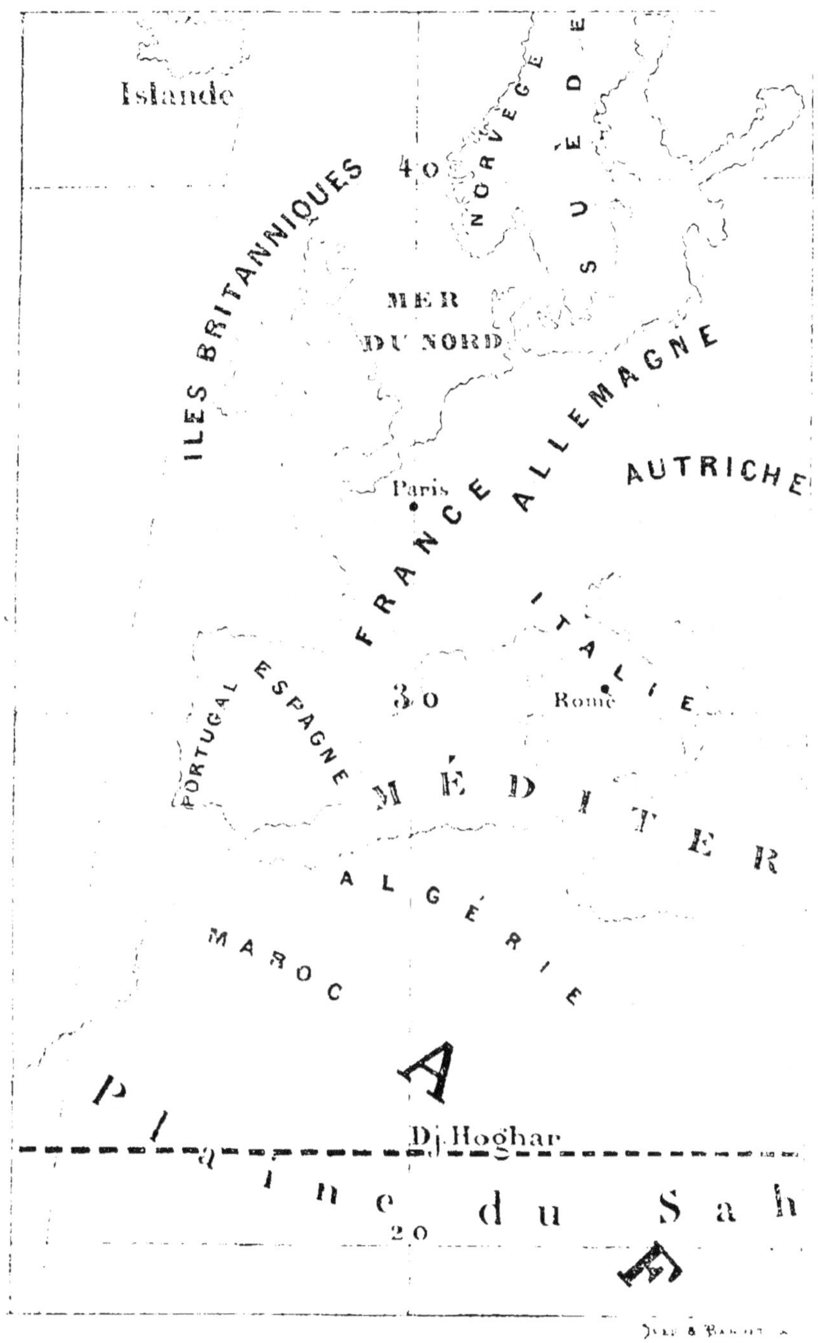

Fig. 11. — Portion du globe transportée sur la carte.

Tracez ensuite, au milieu de la feuille de papier, une ligne perpendiculaire aux lignes horizontales ; ce sera votre premier méridien. Puis prenez au compas l'écartement de **deux degrés de longitude sous un même degré de latitude. Cet** écartement est à l'équateur précisément le même que l'écartement de deux degrés de latitude[1] ; partout ailleurs il est moindre. Marquez d'un point cet écartement de chaque **côté** de la ligne perpendiculaire sur une des lignes parallèles ; faites-en autant pour toutes les lignes parallèles, c'est-à-dire pour tous les degrés de latitude que vous avez tracés sur le papier. Réunissez par une ligne continue toutes les croix correspondant du nord au sud : vous aurez tracé les degrés de longitude, comme vous aviez auparavant tracé les degrés de latitude ; vous aurez fixé la position que chaque lieu doit occuper sur la carte. En effet, dans chaque petit quadrilatère, dessinez le contour des côtes, des frontières, etc., tel qu'il est dans le quadrilatère correspondant du globe : vous avez fait une carte.

Si vous avez tracé le 0 degré de longitude, et que vous ayez à marquer une ville, comme Rome, située par 10 degrés, mesurez les deux tiers de l'espace entre le 0 et le 15e degré. Fixez par le même moyen la latitude ; **vous avez** l'emplacement de la ville.

13 · LES PHASES DE LA LUNE ET LES ÉCLIPSES.

La Lune est beaucoup plus petite que la Terre : son diamètre est un peu plus du *quart du diamètre terrestre.* Prenez une orange, une pomme de reinette du Canada, ou mieux encore un petit ballon de 27 centimètres de circonférence ; mettez-le à côté de notre globe de 32 centimètres de dia-

---

1. Sur notre globe terrestre, dont la figure 11 reproduit **une** partie, l'écartement est d'un tiers plus grand, parce que les **degrés** de longitude ne sont marqués que de 15 en 15, tandis que les degrés de latitude sont marqués de 10 en 10.

mètre; vous aurez l'idée de la grandeur comparative de la Terre et de la Lune.

La distance qui sépare la Lune de la Terre est égale à 30 fois le diamètre de la Terre. Pour s'en faire une idée, il faudrait placer le ballon à 9 mètres 1,2 de notre globe. Cette distance, quoiqu'elle paraisse grande relativement à la grosseur des deux corps célestes, est très-petite relativement à l'étendue du ciel. La tige de 8 centimètres qui relie la petite boule (de 3 millimètres environ) représentant la Terre, à la très-petite boule (de 8/10 de millimètre) représentant la Lune, figure la distance de l'une à l'autre. On voit par là combien est petite cette distance comparée à la grosseur du Soleil et comment, si la Terre était placée au centre de cet astre, la Lune pourrait faire toute sa révolution autour de la Terre sans atteindre, à beaucoup près, les bords du Soleil. On peut donc dire que la Lune est très-voisine de la Terre; et, comme elle est la plus petite, elle tourne autour de la Terre qui l'attire : elle est son *satellite*.

Notre appareil cosmographique, qui figure les mouvements de la Terre et ceux de la Lune, donne la grosseur relative des deux astres; mais il ne donne pas la distance. Pour avoir l'éloignement proportionnel, il faudrait placer exactement la Lune dix fois plus loin du petit globe terrestre.

Quand l'abat-jour projette sa lumière sur notre globe, placez le ballon par derrière, en l'élevant un peu au-dessus du globe de manière à ce qu'il soit éclairé, et remarquez le phénomène qui se produit. Les habitants de la portion du globe qui est éclairée ne sauraient voir la Lune; ceux de la portion qui est dans la nuit la voient. Ils la voient comme un grand rond tout éclairé par la lumière blanche du Soleil : c'est la *pleine lune*, autrement dit l'époque où l'on voit la Lune dans toute son rotondité, dans son plein.

Remarquez que la Lune est dans son plein quand elle

est à l'opposé du Soleil, c'est-à-dire, quand le Soleil, la Terre et la Lune sont dans le même plan et en quelque sorte sur une même ligne dont le Soleil et la Lune occupent les deux extrémités. Par conséquent, pendant que le Soleil passe à un certain méridien, la Lune passe au méridien directement opposé, c'est-à-dire, qu'*à minuit la pleine lune est au plus haut point de sa course au-dessus de l'horizon*.

A ce moment, quelle heure ont les pays qui commencent à apercevoir la Lune du côté de l'Orient sur leur horizon, c'est-à-dire pour lesquels la Lune se lève? Regardez : ils ont six heures du soir. Quelle heure ont ceux pour lesquels la Lune se couche à l'Occident? Six heures

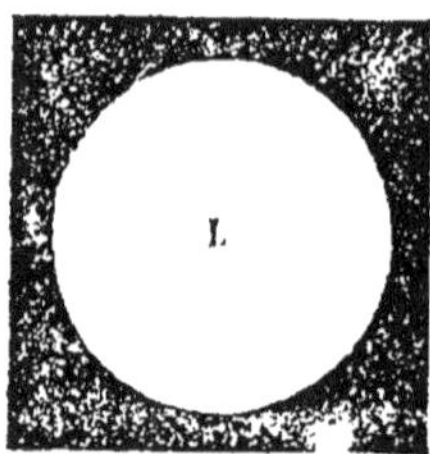

Fig. 12.   Pleine lune.   Fig. 13.   Deux jours après la nouvelle lune.

du matin. *La pleine lune* (voir la fig. 12) *éclaire la Terre pendant toute la durée de la nuit*.

Placez, au contraire, le ballon, l'orange ou la pomme, entre la lampe et le globe terrestre, en l'élevant un peu, comme précédemment, et de manière à ce que la Lune soit dans le plan et presque sur la ligne dont les deux extrémités sont le Soleil et la Terre. La Lune est toujours éclairée par le Soleil de la même manière; mais c'est sa partie obscure qui est tournée vers la Terre. Aussi, les habitants de la Terre ne l'aperçoivent-ils pas, sinon avec certaines lunettes dont se servent les astronomes, c'est la *nouvelle lune*. Elle *passe au méridien à midi*, et elle est *invisible* à l'œil nu. Ce n'est que deux ou trois jours après qu'on commence à la voir sous la forme d'un mince croissant. (Voir la fig. 13.)

Placez maintenant le ballon à l'est de la Terre, de manière à ce que la ligne qui réunit la Lune à la Terre fasse un angle droit avec celle qui réunit la Terre au Soleil. La Lune est toujours éclairée de la même manière; mais les habitants de la Terre ne voient qu'une moitié de la moitié éclairée, c'est-à-dire, un quart : c'est le *premier quartier de la lune*. (Voir la fig. 14. La Lune, à l'époque de son premier quartier, *passe au méridien à six heures du soir*, et *la partie concave du quartier est tournée vers l'ouest*.

Placez le ballon à l'ouest de la Terre, de manière à ce que la ligne qui réunit la Lune à la Terre fasse un angle droit avec celle qui réunit la Terre au Soleil. La Lune

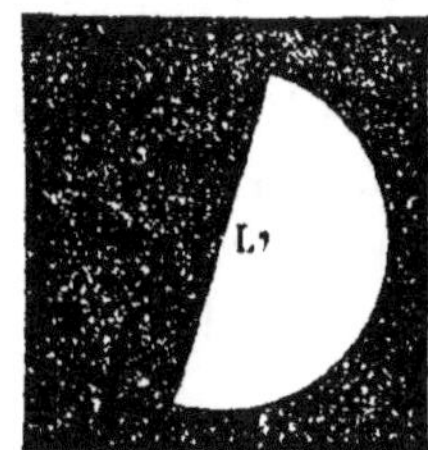

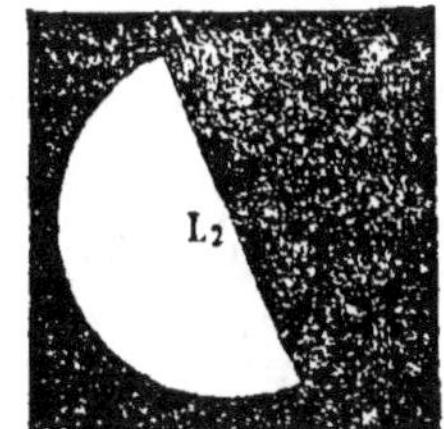

Fig. 14.   Premier quartier.   Fig. 15. — Dernier quartier.

est toujours éclairée de la même manière; mais les habitants de la Terre ne voient qu'une moitié de la moitié éclairée : c'est le *dernier quartier de la lune*. (Voir la fig. 15.) Elle *passe au méridien à six heures du matin* et *la partie concave du quartier est tournée vers l'est*.

Entre ces quatre phases principales (nouvelle lune, premier quartier, pleine lune, dernier quartier) il y a, comme le montre la figure 5 de la planche placée en tête de cette brochure, des phases intermédiaires.

En allumant la bougie de l'appareil cosmographique, et en le faisant mouvoir lentement dans le sens indiqué par la flèche, on reproduit très-distinctement toutes les phases de la Lune; et on voit comment elles apparaissent aux habitants des diverses contrées de la Terre.

Pourquoi la Lune est-elle tantôt devant, tantôt derrière la Terre? Parce qu'elle tourne autour de la Terre dont elle est le satellite. Elle tourne d'occident en orient, comme tourne la Terre elle-même autour du Soleil : c'est ce que montre l'appareil cosmographique.

Nous avons dit qu'il fallait élever un peu au-dessus de la Terre le ballon figurant la Lune. En effet, si l'on faisait tourner ce ballon dans le plan de l'écliptique, c'est-à-dire à la hauteur de l'abat-jour et du centre de notre globe, il projetterait son ombre sur le globe quand il serait dans la position de la nouvelle lune, et, dans la position de la pleine lune, il ne serait pas visible, parce que le globe projetterait sur lui son ombre. En réalité, la Lune ne tourne ni dans le plan de l'écliptique ni au-dessus de la Terre comme nous l'avons fait tourner. Elle tourne obliquement, tantôt au-dessus, tantôt au-dessous du plan de l'écliptique qu'elle traverse deux fois à chacune de ses révolutions. Il peut arriver et il arrive quelquefois qu'elle traverse précisément ce plan au moment où elle se trouve sur la ligne passant par le centre du Soleil et par le centre de la Terre. Alors se produit le phénomène qui se produirait chaque fois si la Lune tournait dans le plan de l'écliptique. Derrière la Terre, *la Lune se trouve cachée par l'ombre de la Terre :* c'est ce qu'on appelle une *éclipse de lune.* Devant la Terre, *la Lune cache de son ombre le Soleil aux habitants de certaines contrées de la Terre :* c'est ce qu'on appelle *éclipse de Soleil.* Une éclipse est toujours de courte durée, et le plus souvent l'ombre ne cache qu'une partie de l'astre.

En faisant tourner l'appareil cosmographique, on voit se reproduire les divers phénomènes d'éclipses totales ou partielles de la Lune et du Soleil; on peut facilement observer comment les éclipses, surtout les éclipses de

Soleil, se produisent successivement dans diverses contrées en suivant une route que les astronomes ont calculée. L'appareil cosmographique donne même plus d'éclipses qu'il n'y en a dans la réalité, parce que la Lune y est placée dix fois plus près de la Terre qu'elle ne devrait être.

14° L'ANNÉE, LE MOIS, LA SEMAINE.

Le temps de la rotation de la Terre sur son axe s'appelle le *jour*.

Le temps de la révolution de la Terre autour du Soleil s'appelle l'*année* et se compose des *quatre saisons*. L'année, comme nous l'avons vu, ne correspond pas à un nombre exact de jours; elle est de *365 jours et un quart*. Faites tourner lentement l'appareil cosmographique dans le sens indiqué; comptez les tours que la Terre fait sur elle-même. Après 365 tours, vous verrez que la Terre n'est pas encore exactement revenue à son point de départ; il faut encore lui faire exécuter un quart de tour. Si par exemple, vous avez pris pour point de départ le moment où le méridien de Paris était juste à l'opposé du Soleil, c'est-à-dire, à l'heure de minuit à Paris, la révolution annuelle ne sera accomplie que lorsque ce méridien aura passé 365 fois devant le Soleil, et qu'après son 365° tour achevé, la Terre aura encore tourné de minuit jusqu'à 6 heures du matin; c'est-à-dire d'un quart de tour.

Faites faire à l'appareil une seconde révolution annuelle; quand elle sera complète, le méridien de Paris aura encore fait 365 tours et un quart, et sera, par conséquent, à midi.

Après une troisième révolution annuelle, le méridien de Paris aura fait encore 365 tours et un quart: il sera à 6 heures du soir.

Après une quatrième révolution annuelle, le méridien de Paris aura encore fait 365 tours et un quart: il sera, par conséquent, à minuit.

Donc, en quatre ans, la Terre aura fait 1461 tours,

autrement dit $365 \times 4 + 1$; en quatre ans, il y a donc quatre fois 365 jours, plus un jour

Ce jour qui est en trop, il fallait le placer quelque part. On l'a ajouté à la quatrième année qui se compose ainsi de 366 jours et se nomme *année bissextile*. C'est au mois de février, le plus court des mois de l'année (il n'a que 28 jours), qu'on ajoute ce jour complémentaire [1].

Comptez, à l'aide de l'appareil cosmographique, le nombre de révolutions que la Lune fait autour de la Terre, pendant que la Terre fait sa révolution autour du Soleil, c'est-à-dire pendant l'année ; vous trouverez à très-peu près, 12 révolutions 2 5, qui durent chacune environ 29 jours et demi. Les phases de la Lune sont le phénomène céleste le plus frappant et le plus facile à observer après la succession des jours et des nuits ; les hommes s'en sont servi pour mesurer le temps, et ils ont fait des *mois*, composés alternativement de 29 ou de 30 jours. Beaucoup de peuples ont eu ainsi et ont encore des années composées de 12 mois lunaires. Mais il était important, pour que le calendrier restât en harmonie avec les saisons et que le mois de janvier ne fût pas tantôt en hiver et tantôt en été, de régler plus exactement la durée de l'année sur la révolution de la Terre autour du Soleil ; aussi a-t-on fait des mois de 30 et de 31 jours. Le mois de février seul est resté de 28 jours dans les années ordinaires, de 29 jours dans les années bissextiles. Voici un moyen mnémotechnique, pour se rappeler les mois qui ont 31 jours et ceux qui ont moins. On ferme le poing gauche, et l'on nomme les mois par ordre, en appliquant successivement un des doigts de la main droite sur les os qui font saillie à la naissance des doigts fermés, à partir de l'index et sur les creux qui sont entre les os : janvier, os ; février, creux ; mars, os ; avril, creux ; mai, os ; juin, creux ; juillet, os. Recommencez :

1. La réforme grégorienne n'ayant qu'un intérêt secondaire, n'a pas besoin d'être enseignée à des enfants.

août, os; septembre, creux; octobre, os; novembre, creux; décembre, os. On remarquera que les sept mois indiqués par des os sont de 31 jours, et les cinq mois indiqués par les creux, de 30 jours et au-dessous.

Chaque révolution de la Lune comprend quatre phases principales: nouvelle lune, premier quartier, pleine lune, dernier quartier, qui se succèdent à un intervalle de 7 jours 9 heures. Cette durée de 7 jours est la *semaine*, nom qui dérive du mot sept.

Les jours portent des noms empruntés aux principaux astres: lundi, le jour de la lune; mardi, le jour de Mars; mercredi, le jour de Mercure; jeudi, le jour de Jupiter; vendredi, le jour de Vénus; samedi, le jour de Saturne. Le dimanche, dont le nom veut dire le grand jour, s'appelle chez plusieurs peuples d'Europe le jour du Soleil.

Il y a dans les années non bissextiles *52 semaines et un jour*. Quand une année ordinaire commence par un dimanche, elle finit par un dimanche, l'année suivante commence par un lundi et finit par un lundi, et ainsi de suite. Quand une année bissextile commence par un dimanche, elle finit par un lundi, et l'année suivante commence par un mardi.

Comme la durée des mois ne correspond plus exactement à la durée des révolutions de la Lune, il n'y a plus de rapport précis entre le commencement des lunaisons et le commencement des mois, entre les phases de la lune et les semaines.

Nous avons des fêtes autres que les dimanches. Les unes, comme Noël, sont fixes, c'est-à-dire sont toujours placées à la même date du même mois. Les autres sont les *fêtes mobiles* et sont réglées sur la fête de Pâques. Le *dimanche de Pâques est le premier dimanche après la première pleine lune qui suit l'équinoxe de printemps.* Il peut donc varier du 22 mars au 25 avril.

FIN.

TABLE DES MATIÈRES

FIN DE LA TABLE DES MATIÈRES.

Fontainebleau, imp. E. Bourges.